KB268176

요절시인 시전집 시리즈 제5권

저문 날의 삽화

이 비 오 시집

- 이승하 · 우대식 편 -

새미

○ ● ○ ● ○ ● ○ ● ○ ● ○ ● ○ ● ○

이 시집을 내면서

　이 땅에는 이른 나이에 세상을 떴다는 이유로 문학사의
뒤안길로 사라진 시인들이 있다. 한때 '천재'라고까지 일컬
어지며 시를 썼지만 이들은 불치의 병으로, 불의의 사고로,
혹은 생활고를 비관하여 음독 자살로 생을 서둘러 마감했
다. 뛰어난 시를 썼음에도 불구하고 이들 시인 모두 요절했
다는 이유로 '묻혀버린 시인', '잊혀진 시인'이 되고 만 것
은 참으로 안타까운 일이다. 우리가 이 전집을 기획하면서
세운 기준은 다음 세 가지이다.

　요절한 시인 가운데 시인으로서의 역량이 출중하여,
잊혀졌다는 사실이 안타까운 시인만을 대상으로 한다.
　시집을 손쉽게 구할 수 있는 시인은 대상에서 제외
한다.
　가능한 한 유가족에게 연락을 하여 그간 시집에조차
실리지 못한 작품도 수록, 완벽한 전집이 되게 한다.

　일찍 세상을 떴다는 것만 해도 억울한 일일 터인데 이들 시인은 지금껏 문단의 조명을 받은 바 없다. 학계의 연구 대상이 된 적도 없으며 독자의 사랑을 받은 적도 없다. 지인들의 회고담은 남아 있지만 석·박사 논문의 대상이 된 시인도 이중에는 거의 없다. 살아가기가 팍팍했던 시절에 일찍 세상을 등진 이들을 위해 초혼제를 올리는 심정으로 시 전집을 낸다.

　시인의 유시집과 유고를 수소문하여 찾아내고, 유가족을 만나고, 주변 친구와 친지들을 만나는 과정에서 만난 많은 분들에게 머리 숙여 감사드린다. 문학사와 문단사를 온전히 기술하기 위해 빠져서는 안 될 시인만을 엄선했다고 우리는 자부한다. 우리 문학사의 뒤안길로 사라진 이들 시인을 제자리로 돌려세우려는 우리의 노력은 앞으로도 계속될 것이다.

　이비오 시인은 생전에 시집을 낸 적이 없다. 사후에 유고

시집조차 나온 바 없어 자료 수집에 애로가 있었다. 시집 출간을 위해 자료를 모아주신 이명수 시인과 미망인 전해진 여사에게 감사드린다.

제 1부의 시는 생전에 발표된 작품이며 제 2부의 시는 사후에 발표된 작품이다. 제 3, 4부의 시는 미발표 유작이다. 미망인으로부터 작가 연보를 쓰지 말아달라는 요청을 받았다. 그래서 시인의 전기적 자료는 1955년 전남 광주 출생, 조대부고 졸업, 사법서사로 활동, 1998년 월간 『심상』으로 등단, 2002년 사망 외에는 아는 것이 없다. 참고서지는 이승하의 해설이 유일하다.

이승하 · 우대식

차 례

제 1부

제 4부

해 설 | 사랑을 잃고 길을 떠난 시인 -이비오론   / 87

1 부

겨울 판화

그대가 떠난 겨울 저녁
돌아서는 길 한정 없이 바람은 불고
빈 가지 위 숫눈이 꽃잎으로 휘날리고 있다.
눈길 위에 떨어진 단추 하나
눈 속에 핀 산수유 붉은 열매같이
뼈아픈 흔적으로 선연히 꽃피어 있다.
허리 굽혀 손 안에 쥐어본다.
따스한 체온이 전해지고
그리움이 먹물로 배어온다.
멀리서 아득한 종소리 눈꽃으로 내리어 울리면
언제나 기다림의 자세로
흐려져 오는 그대를 호명한다.
자꾸만 지워지는 눈길 위엔
또다시 숫눈이 한없이 퍼붓고
강물은 제 몸을 얼리며 긴 말문을 닫는다.

소금 창고

마지막 협궤열차도 멈추어 버리고
노을이 내리는 소래포구 빈 들녘
녹슨 철로가엔 망초꽃만 갯내음을 풀어내고
외딴 소금 창고 지붕 위에는
갈가마귀 한 떼 내려앉다 서둘러 날아간다.
수상한 바람 한 자락 불어
철시한 포구의 문짝들
제 몸 부대끼는 서걱임으로 술잔을 비우는 소리
이팝나무 꽃잎으로 수놓았던
천일염은 홀씨 되어 하늘로 날아오르고
태양 아래 더 태울 가슴 한 포기 없다

썩지 않을 소금 같은 사랑도
세월 앞에 부식하고 마는

소리의 파종

폭설 그치고
생목이 타는 창가에서
무채색으로 번져오는 무반주의 계절
가슴 속 사립문 살며시 열어놓은 채
열린 귀 내맡긴 죄밖에 없습니다.
수도원의 낡고 어두운 긴 회랑을 돌아
하늘 향한 장엄미사가 울려 퍼지는
색소폰의 청동음
서슬 푸른 비수로 심장을 가르고
뼈 사이사이 소금 절이는 벅찬 환희에
마음 빼앗길 일밖에 없습니다.

속 깊이 묻어둔 울음길 타고
가슴은 빈 종소리가 되는.

왕십리

왕십리는 언제나 바람이 불고
비가 흩뿌리고 있다.
왕십리에 가면
잃어버린 지우산과
흘러 떠내려간 꽃신을 찾을 수 있을까
다리 끊기고
길 지워진 풍경 너머로
빗발을 세며
한 사흘 앓아 눕고 싶어진다.

오늘도 비 내리는 왕십리는
뉘라도 기다림에 젖어
눈멀어 서성대는 마을이다.
발 묶인 가슴 사이로 빗물 고이고
모두가 떠나고 잊혀진 뒤에도
왕십리는 작은 섬이 되어 아득히 젖고 있다.

내일 또 내일

자줏빛 어둠이 내린 먼 길을
남루의 긴 그림자 앞세우고
기운 어깨 위로 후박잎새 출렁대며
후미진 길을 돌아서고 있습니다.
바람에 쏠리는 낙엽들이 밀물로 밀려와
철시한 문 앞에 곤두박질치며 주저앉습니다.
빈 주머니 속엔 부족의 종말을 고하는
동전의 딸랑거림이 요령으로 울리고
입 벌린 구두창엔 모래알들이 발가락을 간지럽힙니다.
옆구리 들쑤시는 칼바람이 지나간 뒤
해묵은 기침이 자지러질 듯 터져옵니다.
이제 막 막차가 떠나갔습니다.
나는 새들도 둥우리를 찾아 숲으로 향하고
이 밤은 서리맞지 않아도 좋을
처마를 찾아 길을 떠납니다.
길은 멀고 밤은 아득하기만 합니다.
눈썹달이 먹구름 속에 실눈을 감추고.

슬픔도 가슴 가득하면 따스해지리

그대 그리운 날은
창을 닦을까
맑고 투명한 햇살 아래
그리움을 말릴까
하얀 옥양목처럼

그대 떠난 지
산수유 피고 지고 수삼 년
미루나무 우듬지에
산까지 울고 간 지 수삼 년

눈멀고 귀멀어
기다림은 하얀 소금기둥으로
장승이 되고 말았네

그대 그리운 날은
꽃에 물이나 줄까
그리움이 폭죽처럼 피어나던

산벚꽃나무 그늘 아래서
그대 이름 후렴처럼 불러나 볼까.

바다로 가는 길

전라도 남쪽 땅끝마을 염전에서
뜨거운 이마 태우며
눈 속으로 파고드는 쓰린 땀 훔치며
소금이나 쓸어 담다가
굽은 허리 펴 태양을 쏘아보다가
하얗게 불타버린 희망과 절망

허구한 날 막소주에 젖어서
더운 밥 한 그릇
살가운 정붙이 하나 거느리지 못하고
상가의 걸인처럼 떠돌다
끝내는 이 세상 누구 한 사람
그를 위해 눈물 한 방울 뿌리지 않는
생을 살다가

하늘 향해 허망의 눈빛
소금창고 빈집에서 차마 눈감지 못하고
홀로 낯선 길을 떠나고 말았네

무덤에 이르지 못한 육신으로
소금에 절은 뼈 찧고 빻아서
뜬구름 한 점에 그대 적막을
태워서 더 가벼워진 그대 영혼을
영산강 나루 하구언에다 흘려 보낸다
마지막 그 길
돌아올 수 없는 빈집으로.

먼 길, 혹은…

먼 곳으로부터 온 편지를 읽다말고
흐려진 창 밖을 바라본다.
비가 사납게 퍼붓고 있다.

관을 메고
젖은 산비탈을 오르는
산역꾼의 모습들이 보인다.
그 뒤로
상여도 없이 뒤따르는
유족의 어깨 위로 장대비가 창을 눈멀게 한다.

어디서 날아온
배추흰나비 한 마리
관 위에 젖은 날개를 접는다.

하관을 서두르는
무덤 속에 자꾸만 빗물이 고인다.

꿈속에조차
길을 잃은
깊은 세상의 끝
잠 깨인
물먹은 관 속 같은 새벽
여전히 빗발이 창을 두드리고 있었다.

자화상

병의 끝에서 만나는
그리운 그리운 나의 육신
뼈와 뼈 사이
살과 살 사이로
비에 젖고 바람이 슬면
몸부림치는 저승의 불빛에
세상 밖으로 뿌리를 내릴까
하늘에 사다리를 오를까
언 발 동동거리며
추위에 떨었던 지상의 몇 날들
잠자리 날개보다도 더 투명하게
나의 무게를 지우고 싶어
보이지 않는 나라의 숨,
들리지 않는 목소리,
지나온 저 아득한 시간들이여
환한 햇살 속에 말리고 싶어
한 사흘만 바람 속에 놀게 해 주
서러운 서러운 나의 영혼이여

청춘도 병도 떠나간다
꽃 피고 꽃 져도
남아도는 피의 외로움뿐이다
사랑의 독약뿐이다

2_부

새

과녁을 빗나간 화살이
하늘 길 열어
수직으로 날아오르며
청동울음의 가슴을 꿰뚫었다.
허공에 한 점 발자국도 남기지 않던
눈먼 비상飛翔이
절상의 아픔으로 날개를 접는다
새들은 무덤을 만들지 않는다
다만
바람 속으로 흩어질 뿐이다
무망한 지상으로 돌아갈 뿐이다

깃털 한 잎
붉은 옥수수 밭 위로 내려앉는다
텅 빈 고요가 낭자하다
강물도 숨을 멈추고
호흡을 고르고 있다.

불 면

저음의 목관악기로 내리는
새벽 가을비
해묵은 기침이 낭하를 울리고
흰 벽 못에 펄럭이고 있다
풀 수 없는 생의 비밀이
어둠 속에 서성대면
견딜 수 없는 목마른 그리움으로
창 밖엔
박차 날아오르는 새의 중력

문득 마침표처럼 떨어지는
서늘한 깃털 한 잎
도적 같은 젖빛 안개가 내리고 있다.

슈로즈, 슈로즈

붉은 지붕 위 첨탑
저녁 종소리 멈춘
초록 담쟁이 넝쿨 길게 뻗은
긴 회랑을 지나
내 마음 속 오랜 성채 하나

푸른 유리컵에 안긴
하얀 카라꽃 망울이
수녀의 넋처럼
바이올렛 넥타이가
길처럼 풀려서
흰 벽에 파도치고
지상에서 가장 슬픈
비탈리 샤콘느의 음색이 흐느끼는
불온한 사랑의 방

푸른 저녁에

산그리메 내리는 하오
나무와 나무 사이 행간에
바람이 불다 돌아간 뒤
개망초꽃들이 하얗게 전염병처럼 번진 들판에
산꿩이 저 혼자 울다
빈 숲으로 날아가면
이마에 푸른 정맥 돋는
병과 친해지고 싶은 날
오동꽃도 저버린 숲길 지나
멀리서 한 점 풍경처럼
휘어 돌아가는 한 사람
기운 어깨가 보인다.

빈 집 뜨락 서어나무에 매어둔
배 한 척 물살 따라
방 안 깊숙이 밀려들어왔다 돌아간다.
이제 어둠이 깃들면
등피 닦아 심지 세워

고요한 섬 같은
그대 창 아래 등 하나 내걸으마.
등불 하나 밝히마.
오랫동안 그대를 생각하며
긴 편지를 띄우리라.

사랑을 잃고 길을 떠나네

떠나고 싶다
그대가 흘러가는 곳에
광활한 이 하늘
쓸쓸한 산자락 끝
가장 순결한 눈빛 하나로 만난 그대는
언제나 푸른 그리움 안고 흘러가오니
미망의 안개 마시며
방랑의 늪에서 헤매는 나날들
마른 가슴 서걱이는
바람 한 점 눕히고
흐르는 물살 따라
그대가 목메어 찾아가는 푸른 목선처럼
나도
그대가 흘러가는 곳에 함께
떠나고 싶다.
강물 되어 떠나고 싶다.

별, 아직 끝나지 않는 슬픔

어둠이 나리는 사나사 마을 저편
사운거리는 자작나무 숲길로
오늘은 그대가 빈 배로 왔다가
뼈아픈 상처도 없이
후박나무 하얀 꽃잎으로 져서 돌아갔다
화야산 너머 두견도 한 울음 함께 울다
목이 메어 산을 넘었다

돌아서 가는 그대
젖은 눈빛 속에 핀
진보랏빛 바이올렛 두 송이
서늘함으로 맺혀 그리움의 문을 닫았다.
이제 불을 끄고
그대의 별을 만진다.
나귀의 긴 방울소리 멀어져감에
가슴 쓸어내릴 일도 없이.

  * 사나사 : 경기도 양평군 소재 마을 이름.

하관행

황사바람 부는 언덕 너머
철 이른 봄 산에
흙 한 삽 던지고 하산하는 길
마른 눈물 한 줌밖에
뿌릴 길 없는
긴 헤어짐으로
이제 그대 없는 하늘 아래
다시 산수유 핀들
자고새가 울고 간들
무슨 소용이 있으리.

차가운 땅
뼛속 찬비 젖어들면
나도 함께 떨며
그대 생각으로 마음 저려 오리라.

풍경제 II

시리고 푸른 겨울 하늘 아래
마른 들풀 몸 저미던 강기슭
속으로만 흐르던 강 울음소리 들리고
먼 산등성이에는 잔설로 흰 이마를 드러내놓고 있다.
차마 가 닿을 수 없는 그리움
강 건너 빈 메아리로 돌아와
그대 가슴 속 큰 울림으로 번지면
해맑은 한 폭의 수채화 그리고
잃었던 시력 회복하여 돌아오는 길
부신 겨울 햇살에
긴 강줄기는 은비늘로 출렁이고.

남애포구에서

어느 날
살다가 살다가
한없이 외로울 때
그리움 건지러 밤 포구에 가자
가서는 검푸른 바다
수평선에 불꽃으로 떠 있는
집어등의 환한 알전구로 출렁이자

갈매기 끼룩끼룩 울어쌓는 해안가에서
아직도 목메어 부를 이름 하나 있거든
해풍에 휘날리고 파도에 부서질지라도
부르다가 부르다가
하얀 뼈만 남기고 돌아오자

살다가 살다가
한없이 쓸쓸할 때
그리움 건지러 밤바다에 가자
가서는 붉은 등대

뱃길 불 밝히는

하얀 서치라이트 되어 사무치자

* 남애포구 : 강원도 양양군 삼남면 남애리 소재.

3 부

'하루'를 위한 무반주 첼로 독주

보랏빛 오동꽃이 후두둑 지는 오후였습니다.

마정리 뜨락에

오월의 싱그러운 풀꽃 향기가 가득 퍼지고 있었습니다.

나무 울타리에는 붉은 찔레꽃들이

환하게 꽃등을 내걸고

앞산에는 산그리메가 곱게 내려앉고 있었습니다.

'안나'의 집에는

엄마, 아빠말고

식구가 다섯이 더 있습니다.

하루와 도도, 솔, 그리고 하늘과 구슬이었습니다.

이중에서도 가장 순한 하루가 며칠 전 '안나'를 따라 산책을
나섰다가

마을에서 가장 사납기로 소문난 '산쵸'에게

여러 군데 물려 상처를 입었습니다.

엄마는 하루를 품에 꼬옥 안고서

눈물을 흘리셨습니다.

세상에 태어나서 그토록 슬퍼하시는 모습을 본 것은 처음
이었습니다.

아직도 다리를 절룩이며 겁먹은 모습이 남아 있었습니다.
밤에 자다가도 가위눌린 듯 소스라치게 놀라며
컹컹 짖기도 합니다.
그런 '하루'를 위로하기 위해 '안나'는
제 방에서 첼로를 들고 나와 뒤뜰 너른 마루로 나와서
다섯 식구들을 다 불러모아 앉혔습니다.
첼로를 켜는 활로 일일이 머리를 짚어주고선
옹기종기 둘러앉은 다섯 식구를 위해
바흐의 무반주 첼로곡을 연주하기 시작했습니다.
하루는 귀를 쫑긋 세우고 고개를 주억거리기도 하고
도도는 심심한지 연신 큰 입을 벌려 하품을 하고
먹보인 솔은 첼로를 핥곤 했습니다.
하늘이는 옆구리가 간지러운지 자꾸만 긁어만 대고
구슬이는 아예 드러누워 하늘을 쳐다보며
꼬리를 이리저리 흔들어 댔습니다.
언제 날아왔는지 다섯 식구의 일용할 양식을
공짜로 축내는 까치부부도 마루 끝에 내려와

오종종 걷다가 귀를 모으고 있습니다.

길 건너 숲 속에 사는 청설모도 초대하지 않았는데

긴 꼬리를 흔들며 콧수염을 세우며 눈을 사르르 감기도
합니다.

다음 곡은 좀 신나는 곡으로 연주를 했습니다.

그러자 모두 일어나 ‘안나’ 주위를 앞뒤로 맴돌며

꼬리를 흔들어 댔습니다.

그리고, 처마 끝에 매단 풍경이

바람에 소리를 내었습니다.

박자를 맞추기라도 한 듯이 말입니다.

‘하루’의 커다란 눈망울엔

오월의 구름 한 점 없는 하늘이 말갛게 담겨져 있었습
니다.

등위로 오동꽃이 떨어지자 놀란 듯 도도는 오동나무를
바라보며 컹컹 짖다가 오동나무 그늘 아래 아예 두 다리를
뻗고서 스르르 눈을 감습니다.

오후의 평온이 뜨락 가득 펼쳐지고 있었습니다.

살아남은 자의 슬픔

송장메뚜기 날뛰던 여름 한 철
전라도 남쪽 땅끝 마을 어디쯤이라던가
붉은 산 황토마루
염전에서 눈 속으로 파고드는 쓰린 땀 훔치며
소금이나 쓸어 담다가
굽은 허리 펴 태양을 쏘아보다가
희망도 절망도 없이
세월을 죽이며
허구한 날 막소주를 일용할 양식으로 벗삼더니
더운 밥 한 그릇
살가운 정붙이 하나 거느리지 못하고
개같이 살다
상가의 걸인처럼 떠돌다가
끝내는 이 세상 뉘라도
그를 위해 마른 눈물 한 방울 뿌리지 않는
생을 살다가
새벽 찬 별
개망초 하얗게 그슬리는 아침에

소금 창고 빈집에서 홀로 낯선 길을 떠나고 말았네

하얀 뼈 꽁꽁 찧어 몽글게 빻아서

이제 서녘 하늘로부터

비를 몰고 올 한 자락 바람결에

영산강 나루 하구언에다가 뿌릴거나

무정한 사람아

하여, 사람들은 그의 마지막 길을 객사客死라 불렀네.

조 등

새벽녘
길목을 지우고
흰 눈이 도적처럼 분분히 내리고 있다.
문밖에 내건 주홍빛 홍시 하나
눈물 글썽이고 있다.
뼈아프게 살다
깃털보다 더 가벼이
총총히 먼길을 나서고 있다.

곡성도 없이—

저문 날의 삽화

어스름히 다가오는 창가에 서서
붉은 저녁에 뺨 부비는
먼 들판의 잎사귀들
들끓는 소리 엿들으며
나
잠시 빈집을 감도는
적막에 몸을 떠네

내 발등을 환하게 밝혀주던
그 환한 목소리
시였을까
눈물이었을까
못내 그리움이었을까
긴긴 기다림이었을까
저문 눈길에
저 혼자 속살로 속살로만 흘러가는 속울음 강물이었을까

겨울 판화 Ⅱ

내 누이처럼 수척이 앓아 돌아누운 빈 산
골짜기마다
해묵은 기침이
이 산 저 산에서
자지러질 듯 쿨럭이면
빈 가지에 얹힌 눈비늘이
하르르 꽃잎으로 휘날리고
쇠잔한 햇살
산등성이에 걸려 숨을 고를 때
동구 밖
포르스름한 저녁 연기
그리운 밥내음 풍기며
하늘로 오른다

어둠이 한껏 내린
겨울산은 아직도
오랫동안 와병중이다.

오후 3시, 문득 내가
낯설어지는 시간에

빈 집 뜨락 창가에 서서 듣는
오후 3시의 그레고리안 성가의
낮은 청동 음색이 사무치는
그리움의 감옥에 갇혀
내 것이 아닌
부질없던 열망들에게
결별을 고한다.

봄날은 간다

올해도 어김없이
나의 빈 뜨락 한켠에
청매화 파란 싹들이
어김없이 다투어 틔우고 있다.
어쩌면
그대 가고 없어도
저리 피고 질 터인 즉,
봄날의
그 쓸쓸한 환생이여
그대 가고 없어도
청매화 향기는
뜰을 넘어
사방 천지에 흩어진다.

청어 굽는 아침

헤즐넷 커피향이 피어오르는 창 너머로
바람 한 점 일지 않는데
길 건너 상추가 심어진 빌딩 옥탑에
창백한 깃발이 초조하다.

문득 자크 프레베르 시인이 궐련을 물고 지나간다.
카이젤 수염을 길렀던가
빠삐용의 더스틴 호프만처럼
부러진 안경다리를 고무줄로 매어 귀 뒤에 걸쳤던가.

그리움이 아스피린처럼 녹아드는 오후.
첫잔 술에 언제나 오르가즘을 느낀다던 그녀는
지금쯤 태평양 상공을 날아
에게해 코발트빛 바닷가에서
흑단의 머리를 감고 있을는지 모른다.

오늘 저녁은
들깨를 진하게 갈아서

토란국을 끓여야겠다

내일 아침은
등 푸른
청어를 구울 것이다.

짜장면 소고

이 비 오

비 오는 날 이층 중국집
혼자 먹는 짜장면에는
가을 빗소리가 들린다
무국적의
지상에서 가장 슬픈 음식이
나를 목 메이게 한다.

길이 끝나는 곳
45번 국도 가로수에
비탈리의 <샤콘느 G minor> 음색이
우울한 메타포로 펄럭이고 있을 때에
짜장면 향기도 함께 스쳐지나갔다.

비 오는 날 거울 속에 비친
혼자 먹는 짜장면에는
삼류영화관 화면 가득
빗발이 줄기차게 내리고 있었다.

첼로 II

수문을 열자
솔향기 그윽한 강물이
안단테 칸타빌레로
등 푸른 생선의 퍼덕임으로
몸을 풀며
강기슭을 굽이굽이 흘러갔다.

활 끝에 이는
파아란 불꽃이
환하게 부챗살로 어둠을 펼치며
깊은 울림으로
울림으로
동굴 가득히 낮게낮게 퍼져 나갔다.

막이 나리고
불이 꺼질 때
고른 숨소리가 가져다 준
절망의 파도가 몰아치던

그곳으로 돌아가 엎드려 울고 싶은
서러운 언덕에 무너지듯 엎드려
나는 푸른 깃대를 꽂고 싶었다.

우요일 雨曜日 에

비 내리는
지상의 어느 마을에
능소화 레몬빛으로 핀
담벼락 아래서
발등에 지는
꽃잎을 보며
한 아이가
울고 서 있지는 않을까

사선으로 내리긋는 빗방울─
페트릭 쥬베의 '슬픈 로라'는
한없이 울먹이는데……

비 오는 날의 랩소디

우산 속의 평화를 노래하기엔
그 적요寂寥가 너무 숨막혔다
창을 눈멀게 하는 장대비가
억수로 쏟아지고 있다.
폭우 속에
벌거숭인 채로
한마당 춤을
알몸에 꽂히는 불화살로
난타하는 빗발에
벌집이 되고 싶었다.

채워도 채워도 채워지지 않는 허기진 목마름으로
그대 가슴에 푸른 문양으로 수를 놓고
오디빛으로 물든 그대를 어찌할까
사랑은 하나라던
그대 젖은 고백 되새기며
난 빗속에 함몰되고 싶었다.

조조 할인

가을비 내리는 호남선
그대를 기적에 파묻혀
떠나보내고 타박타박 걸어 돌아오던 길
덧없이
삼류극장 동시상영 영화를 본다.
기립하여 애국가 봉창을 하지 않아도 좋을
텅 빈 객석 아래로
생쥐들의 줄달음질만 난무하고
화면 속에는 가을 빗발이
사선으로 내리긋고 있다.

내 생도 좀 더 일찍
이 세상에 입장했더라면
무슨 할인을 받을 수 있었을까
사랑하는 나의 어머니
당신은 어찌하여 나를 낳으셨는지요.

아직도 가을비는 내리고

문득 필름이 끊긴 뒤
암전이 시작되어도
휘파람 부는 이 하나 없다.

만다라曼茶羅

입을 열어
차마 터뜨릴 수 없는 화두
차라리 침묵하는 게 낫겠다
솔향기 흩어지는
소리를 볼 줄[觀畜] 아는
마음이면 족하겠다.

기운 어깨 위로 겹치는 어깨
—마이더스 계단에서

하염없이 꽃비 내리던 날

가슴을 훑고 스쳐 가는 바람 불던 저녁

많은 밤들의 상처 낭자했어도

기운 어깨에 머리 묻고

푸른 향기 속 밤이슬 젖던

우윳빛 안개 밤 공기 사이로 전해져 오면

미사 마을의 따뜻한 강 건너 불빛

그대 숨결과 눈빛은

오래 반짝이고

하늘의 별똥별

차마 다 타지 못한 사랑으로 산화하면

무너지듯 엎드려 이층을 짓고 싶다던

그대 속절없는 소망

훅 끼쳐오던 치자꽃 향내음에

그대는 오랫동안 잠 못 이루었으리.

멀어서 아름다운 길

보내고 돌아오는 길은 빈 잔이다.
채워도 채워도 채워지지 않는 빈 잔이다.
빈 잔 속 굴형은 이토록 깊고 깊어서
밤 이슥토록 잠들지 못한 뒤척임이다.

아롱대며 멀어지는 강변의 불빛들
강물에 헤어짐을 깊숙이 묻고 돌아오면
옷자락 휘감는 안개만 서성대고

가슴 속 띄울 수 없는 향기로
떨어지는 꽃잎들은
바람으로만 스쳐 갈 뿐
내 눈에 어린 눈물
그대 눈에도 가득하였으리

보내고 돌아오는 길은
긴 강을 따라 흐르는 물살들의 출렁임이다.
헤어짐만이 다시 만나는 길임을
약속의 푸른 깃발 내걸고 기다려야 하리.

부서진 사월

이 비 오

나 가장 아프고 아픈 데에
마음을 놓고 간
밑둥치 환한 나이테
그대를 그대를
더 이상 보지 못할 때
오랜 후
아주 오랜 후
그대 있는 자리까지
저녁 나무
고요히
꽃무늬 지는 그날이 올 때까지——

느티나무가 내다보이는 방

바람이 무성영화처럼 시나브로 부는 해질녘
언덕을 넘으면 가회동이 나온다
좌측으로 구부러져 오르면 작은 골목이다
낡은 대문이 방긋이 열린 집안을 들여다보면
문간방이 있는 한옥마당 우물 샘 곁에
채송화가 환하게 피어 있는 화분들이 옹기종기 놓여 있고
쪽마루 끝에 장대로 떠받친
빨랫줄엔 금방 털어놓은
새하얀 옥양목이 기분 좋게 말려가고
골목길을 따라 더 들어서면
유리창에 붉은 칠이 드문드문 벗겨진
'봉수아제' 양복점이 나오고 진열장엔 가봉 준비중인
바느질이 덜 된 웃옷들이 허수아비처럼 걸려 있다.
언제나 그 옷들은 사시사철 사진관 속의 박제된
얼굴처럼 무표정이다
우측으로 한 번 더 꺾어 길을 들어서면
'靑春'이라는 오래된 여관이 비실비실 웃고 서 있다.
여관 문으로 들어가는 길은

로맨틱하게도 돌로 쌓아 올린 계단이었다
그리고 그 마당 한가운데
어이없게도 아름드리 느티나무 한 그루가
떡 하니 버티어 서 있었고, 삽살이가 맴돌고 있던
하얀 치자꽃들이 숨이 막히도록 향을 내뿜고 있었다.
그 느티나무가 보이는 방에서
그날 하룻밤을 혼자서 묵었단다.

4부

인취사운

연꽃잎
저녁노을에 황홀히 지는

사람 사는 데가
참으로 슬프게 아름다운 곳

요사채 문 창살에 어리는
파초 잎의 그림자
파도 칠 때

동박새도
섧게 섧게 울다 돌아가더라.

남부터미널

병든 달이 누렇게 떠 있는 밤
푸른 불빛을 가두고
막차는 떠나려 한다.
오늘도 고단한 육체를
종처럼 부리고 돌아가는 길
물 속 같은 적요한 빈집이 기다리고 있을 게다
어둠에 잠긴
두견 우는 마을에
밤 안개 도적처럼 피어오르고 있을 게다
빈들에 차가운 촛불 켜지면
어깨 위로 은빛 서리가 쌓이리라

북해도의 편지

초경으로 물든
철 이른 단풍 잎새들
얼굴 붉히며 흔들리는데
계곡 물소리만 귓전에 아득하다
사원의 전나무 숲 사이로
만삭의 달빛 가득 부서지면
산 아래 마을 등불은
터무니없이 아름다워 보였다

하늘 아래 더 이상
새로울 것 없는 세상
지상의 이웃들
서둘러 떠나버리면
에돌아 내려오는 산길 굽이굽이마다
눈[目] 속에 뼈아프게 담고서 길을 달린다.

멀리서 설해목 무너지는
환청이 울릴 것 같은
폭설의 날들이 가까워지고 있다.

석남사 통신

사미승 젖는 눈썹에
가랑비 흐느껴 운다
상처가 깊었으면
얼마나 깊었으랴.
파르라니 떠는
배롱나무 가지 끝
동박새 한 마리
깃을 접는다.

먼 곳에서 긴 이별
그리움 사무칠 때
연비聯臂 새긴 푸른 문신으로
묵은 한 소식을 전한다.
그대는 지금
어디에 있는가.
모두가 다 평안하신가.

해남 가는 길

전라도 남쪽 땅끝마을
해남 염전에서
뜨거운 이마 태우며
눈 속으로 파고드는 쓰린 땀 훔치며
소금이나 쓸어 담다가
굽은 허리 펴 태양을 쏘아보다가
하얗게 불타버린 희망과 절망

허구한 날 막소주에 젖어서
더운 밥 한 그릇
살가운 정붙이 하나 거느리지 못하고
상가의 걸인처럼 떠돌다
끝내는 이 세상 누구 한 사람
그를 위해 눈물 한 방울 뿌리지 않는
생을 살다가

하늘 향해 허망의 눈빛
소금창고 빈집에서 차마 눈감지 못하고

홀로 낯선 길을 떠나고 말았네
무덤에 이르지 못한 육신으로

소금에 절은 뼈 찧고 빻아서
뜬구름 한 점에 그대 적막을
태워서 더 가벼워진 그대 영혼을
영산강 나루 하구언에다 흘려 보낸다
마지막 그 길
돌아올 수 없는 빈집으로.

사막 별곡

—사보텐 꽃 핀 풍경

달빛 환하게 부서지는

타클라마칸 사막의 모래능선 너머로

시린 별빛 빛나는

목마른 사랑 찾아

비단길 꿈꾸었던 사막의 여인

뜨거운 불씨 하나 열꽃으로 피어

지상에 뿌리내리지 못하고

방목의 집시 되어 흐르던 그대

젖은 눈빛 속에 초록의 사보텐 이슬 맺히고

머나먼 해방구를 향해 떠난다

세상의 남루 걸치고

자유인으로

뼈아픈 사랑 가시꽃으로 피어 먼 길 떠난다.

삿뽀로 여관

새색시 얼굴 같은
미닫이문을 여니
다다미방에 놓인 화로에는
꽃불이 튀고 차 주전자
끓는 소리는
또각거리는 여인의
나막신 소리로 다가선다

옛날 해남 할머니 적에나 덮었을
군인의 방한복 같은 목화솜 이불이
넉자 다다미 위에
먼저 누워 있다

창을 여니
눈 덮인 연못 속에서
비단 잉어 두 마리가
1월을 읽고
멀리 보이는 산허리에

소리 없이 무너지는 눈발

방구석에 놓인 갈색 꽃병에는
빨간 산수유가 푸른 솔잎을 사각거리며
핥아먹고
난
단단한 맥주 한 병을
손에 쥔 채
전나무 숲 사이로
시나브로 들어선 달빛을
맞는다
어디선가 늙은 여우의
울음소리가
싫지 않게 들려오고
성근 눈발에 핀
청매화가
뱃전의 아낙네같이

서 있다
눈보라에 흰나비로 떠도는
네온사인에 쓰여진
글씨는
ここは さっぽろ りょカんです.
(여기는 삿뽀로 여관입니다.)

불갑사 빗소리

섬돌 아래 하얀 고무신
빗방울,
빗방울이 스타카토로 튀어오르고 있다.

대웅전 뜰 앞
자목련 벙그는 동안
저 빗소리, 빗소리
안단테 안단테로
머나먼 서역에도 내릴까

낭랑한 독경 소리
젖은 물안개 너머
진양조로 울릴 때
동자승 눈가엔 깊은 잠 가득하다.

포르룽 날아든
동박새 한 마리
배롱나무 가지 끝

꽃잎 하나 베어 물고 날으는 순간
죽비소리 따악―
청량하게 사원의 젖은 숲을 울린다.

* 불갑사 : 전남 영광군 불갑면 소재 사찰.

청평호에서

얼어붙는 호수는
아무것도 품지 않는다.
하얗게
꽁꽁 얼어붙은 호수에
헛되이 던진 돌멩이들.
그대 이름을 부르는 일이 그러했다.

얼음강 우는 소리
이 꽃 없는 밤에
들리는가 몰라
젖은 발을 말리며
생각도 젖어 가는데

인연이 다하여서
다시 보지 못한다 해도
서러워하지 말기
우리 모두
한 때
지나가는 비였거늘……

내과병동에서

병실 갈참나무 숲에
빗소리가 또랑또랑하다
바람에 나뭇잎들이 몸서리치고 있다.
흐린 하늘 가로질러
황망히 날아오르는 날새들의 몸짓이 분주하다
젖은 숲들이 먹물로 물들고 있다
쉼표처럼 적적한 숲 속에
목쉰 불빛 몇 점
불 밝히고 있다
침대 끝에 벗어놓은 하얀 고무신이
자꾸만 눈에 밟힌다.
오마지 않는 이가 일도 없이
자꾸만 기다려지는
행여, 마지막 눈빛을 어둠에 묻고
지상의 끝으로 돌아가지는 않겠지
아직은 때 이른 저녁이겠지.

사랑을 잃고 길을 떠난 시인
—이비오론

이 승 하
(시인·중앙대 교수)

　문학의 역사에 있어 '사랑'과 '죽음'만큼 많이 다뤄진 소재는 없을 것이다. 인간뿐만 아니라 인간이 길들여온 가축도 저 들판의 야수도 어미는 자기 자식을 사랑한다. 어미는 자식을 돌보며 늙어가고, 자식은 자라서 이성과 사랑을 한다. 자식은 자식을 낳고, 어미는 자식이 보는 앞에서 숨을 거둔다. 문학의 기원을 원시종합예술로 잡든 서사시로 잡든 구비문학으로 잡든 그 작품에는 사랑과 죽음의 의미가 담겨 있다. 인류가 시라는 장르를 버리지 않는 한 사랑과 죽음의 시는 계속해서 나올 것이다. 인간은 때가 되면 죽음의 순간을 맞이할 수밖에 없는 유기체인지라 이 두 가지 문제로부터 결코 벗어날 수 없다. 특히 종교는 '죽음이란 무엇인가'를 묻는 데서 출발한다. 죽음의 의미와 사후세계를 설명하는 차이가 곧 종교의 차이를 가져온다. 부처는 열반에 대해 설법하였고 예수는 영생의 하늘나라를 약속하였다. 힌두교가 윤회로, 이슬람교가 천국과 지옥으로, 무속이 저승과 이승으로, 도교가 장생불사로, 증산교가 신명계로 죽음을 설명하고, 신자는 그것을 믿는다. 여기, 내도록 죽음을 생각하다 48세의 나이로 세상을 버린 시인이 있다.

1955년생 이비오 시인은 2002년 8월 28일에 고인이 되었다. 등단지가 1998년 11월 『심상』지였는데 다른 문예지에는 거의 작품 발표를 하지 않았고, 시집을 내지 못한 채로 작고하였다. 나는 이비오의 시를 읽는 내내 왜 줄곧 중국 당나라 때의 시인 이하(李賀)를 떠올렸던 것일까. 물론 생의 이력은 확실히 다르다. 이하는 27세의 나이로 죽었지만 241편의 시를 남겼고, 이비오는 생의 말년에 시의 불꽃을 피워내 40여 편의 시를 세상에 남겼다. 하지만 죽음에 대한 예감과 암울한 이미지들, 비애의 정조, 고독과의 싸움, 이별의 상처, 과도한 염세관 등이 비슷하여 시대와 나라와 연령이 판연히 다른 두 시인을 동궤에 놓고 보게 한다.

'사자의 시'를 읽는 느낌이 착잡하다. 등단 4년이 채 못되어 세상을 버린 시인의 시라서 그런 것이 아니라, 작품에 드러난 시인의 마음이 너무나 외롭고 서럽기 때문이다. 우선 그의 문단 데뷔작을 읽어보자.

마지막 협궤열차도 멈추어 버리고
노을이 내리는 소래포구 빈 들녘
녹슨 철로가엔 망초꽃만 갯내음을 풀어내고
외딴 소금 창고 지붕 위에는

갈가마귀 한 떼 내려앉다 서둘러 날아간다.
수상한 바람 한 자락 불어
철시한 포구의 문짝들
제 몸 부대끼는 서거임으로 술잔을 비우는 소리
이팝나무 꽃잎으로 수놓았던
천일염은 홀씨 되어 하늘로 날아오르고
태양 아래 더 태울 가슴 한 포기 없다

썩지 않을 소금 같은 사랑도
세월 앞에 부식하고 마는

등단작 5편 중 「소금 창고」의 전문이다. 마지막 협궤열차
가 멈추고 만 소래포구 빈 들녘의 풍경이 을씨년스럽기 이
를 데 없다. 그런 풍경에 이입해본 내 감정이어서 그런지
꽤나 자조적이다. 태양 아래 더 태울 가슴 한 포기 없고,
썩지 않을 소금 같던 사랑도 세월 앞에서는 부식하고 만다.
때로는 왁자지껄하게 장사꾼과 관광객이 내왕하던 소래포구
였고, 그것을 가능하게 했던 것이 협궤열차였다. 그러나 현
대화의 물결 앞에 열차는 운행이 중단되었다. 그에 따라 그
옛날의 열정은 식고 사랑도 부식하여 지금 남아 있는 것은
아무것도 없다.

그대가 떠난 겨울 저녁
돌아서는 길 한정 없이 바람은 불고

빈 가지 위 숫눈이 꽃잎으로 휘날리고 있다.
(……)
자꾸만 지워지는 눈길 위엔
또다시 숫눈이 퍼붓고
강물은 제 몸을 얼리며 긴 말문을 닫는다.

—「겨울 판화」 부분

시로 새긴 「겨울 판화」이다. 그대가 떠난 겨울 저녁인데, 날씨가 더욱 추워지고 있다. 바람은 한정 없이 불고, 눈은 계속 내리고, 기온이 급강하하여 강물은 더욱 두텁게 얼고 있다. 외로움과 추위, 상실감과 고독감이 시의 문면에 가득하다. 데뷔작부터가 어쩌면 이렇게 쓸쓸한지. 이런 시에서 뚜렷한 주제의식이나 시의 효용적 가치를 따지기는 어렵다. 시인의 마음이 가는 곳으로 따라서 가면서, 그 마음에 촉촉이 젖어드는 것이 옳은 감상법이다.

올해도 어김없이
나의 빈 뜨락 한켠에
청매화 파란 싹들이
어김없이 다투어 틔우고 있다.
어쩌면
그대 가고 없어도
저리 피고 질 터인 즉,
봄날의

그 쓸쓸한 환생이여
그대 가고 없어도
청매화 향기는
뜰을 넘어
사방 천지에 흩어진다.
—「봄날은 간다」 전문

예술가가 봄이란 계절은 다루게 되면 소생과 희망과 연결시키려 한다. 그래서 밝은 색조로 그리게 마련인데 이비오 시인은 그렇지 않았다. 제목을 '봄날은 간다'라고 붙이고서 "그대 가고 없어도"를 거듭 외친다. 봄이 되어 새로 피어난 꽃을 "쓸쓸한 환생"이라고 말할 만큼 시인의 내면세계는 어둡다. 또한 죽은 자의 환생으로 꽃을 생각할 만큼 시인은 죽음에 대한 상념에서 헤어나지 못한다.

하얀 뼈 꽁꽁 찧어 몽글게 빻아서
이제 서녘 하늘로부터
비를 몰고 올 한 자락 바람결에
영산강 나루 하구언에다가 뿌릴거나
무정한 사람아

하여, 사람들은 그의 마지막 길을 객사라 불렀네.
—「살아남은 자의 슬픔」 끝 부분

제목을 '살아남은 자의 슬픔'으로 붙인 이런 시와 「조등」 같은 시는 당연히 타인의 죽음을 묘사하고 있다. 하지만 죽음과 무관한 제목일지라도 시 본문 어디인가에는 죽음이 깃들어 있다.

인연이 다하여서/ 다시 보지 못한다 해도(「청평호에서」)
마지막 그 길/ 돌아올 수 없는 빈집으로(「해남 가는 길」)
새들은 무덤을 만들지 않는다/ 다만/ 바람 속으로 흩어질 뿐이다(「새」)
해풍에 휘날리고 파도에 부서질지라도/ 부르다가 부르다가/ 하얀 뼈만 남기고 돌아오자(「남애포구에서」)

시인이 이와 같이 죽음에 대해 집요하게 사유한 이유가 도대체 무엇일까. 주변 사람의 죽음을 많이 겪어서 그런 것일 수도 있다. 하지만 내가 보건대는 시인이 지병을 갖고 있었기 때문이 아닌가 한다. 이런 예상을 가능케 하는 시가 몇 편 있다.

병의 끝에서 만나는
그리운 그리운 나의 육신
뼈와 뼈 사이
살과 살 사이로
비에 젖고 바람이 슬면
몸부림치는 저승의 불빛에

세상 밖으로 뿌리를 내릴까
하늘에 사다리를 오를까
언 발 동동거리며
추위에 떨었던 지상의 몇 날들
…(8행 생략)…
청춘도 병도 떠나간다
꽃 피고 꽃 져도
남아도는 피의 외로움뿐이다
사랑의 독약뿐이다

―「자화상」 부분

　　제목으로 보면 이 시는 그야말로 자신을 묘사한 시이다. "병의 끝", "몸부림치는 저승의 불빛", "지나온 저 아득한 시간들", "서러운 나의 영혼", "청춘도 병도 떠나간다" 등의 표현은 결국 '나의 병'으로 수렴된다. 시인은 몸이 몹시 아팠던 것이다. "남아도는 피의 외로움"으로 보아 악성빈혈이나 백혈병이 연상된다. 확실한 것은 시인이 죽음을 예감하고서 이 시를 썼다는 것이다. 「내과병동에서」 같은 시는 물론이거니와 「푸른 저녁에」란 시에 나오는 "이마에 푸른 정맥 돋는/ 병과 친해지고 싶은 날" 같은 대목을 보면 이 점은 더욱 확실해진다. 불가항력으로 엄습해온 병 앞에서 인간은 공포감을 느끼지 않을 수 없다. 불가사의한 죽음의 세계가 바짝 다가와 있음을 알게 된다면 인간은 괴로워할 수밖에 없다. 자신이 앓고 있는 병이 불치의 병일 때, 그 병

이 죽음의 순간을 시시각각 느끼게 할 때, 시인이 시 쓰는
일 외에 무엇을 할 수 있단 말인가.

　　　　　　　　　　　　　　—「먼길, 혹은…」 제2연

장대비가 내리는데 산역꾼들이 관을 운구하고 있고, 유족
이 그 뒤를 따르고 있다. 유족 운운하는 것으로 보아 제3자
의 입장에서 담담히 장례 풍경을 묘사하고 있는 듯이 보인
다. 하지만 "하관을 서두르는/ 무덤 속에 자꾸만 빗물이 고
인다"는 제4연에 이르면 아무래도 자신의 장례식 장면을 떠
올리며 쓴 시가 아닌가 하는 생각이 든다. "차가운 땅/ 뼛속
찬비 젖어들면/ 나도 함께 떨며/ 그대 생각으로 마음 저려오
리라"(「하관행」) 같은 대목도 마찬가지이다.
　지금까지 살펴본 시에 따르면 시인은 병이 깊어가는 과정
에서 비관주의에 사로잡혀 있었음을 알 수 있다. 센티멘털리
즘은 별로 보기에 안 좋은데, 시인이 생애 내내 센티멘털리
즘의 늪에서 헤어날 생각을 하지 않고 있었던 것일까. 그렇
지는 않다. 인간은 그 어떤 절망적인 상황에 맞닥뜨릴 때에

도 희망을 열망하는 존재이다. 이비오 시인도 역시 그렇다.

　　　　빈 집 뜨락 서어나무에 매어둔
　　　　배 한 척 물살 따라
　　　　방 안 깊숙이 밀려들어왔다 돌아간다
　　　　이제 어둠이 깃들면
　　　　등피 닦아 심지 세워
　　　　고요한 섬 같은
　　　　그대 창 아래 등 하나 내걸으마.
　　　　등불 하나 밝히마.
　　　　오랫동안 그대를 생각하며
　　　　긴 편지를 띄우리라.
　　　　　　　　　　　　　　—「푸른 저녁에」 뒷연

　　"그대 창 아래 등"은 아마도 조등 같다. 따라서 이 시에서도 죽음에 대한 상념은 여전하지만 최소한 비극적이거나 비관적인 데 머물지 않고 이별(혹은 사별)을 담담히 받아들이고 있다. 오랫동안 그대를 생각하며 긴 편지를 띄우는 사람이 절망감에 사로잡혀 있을 리는 없다. 다음과 같은 시는 더욱 생동감이 있다.

　　　　하늘의 별똥별
　　　　차마 다 타지 못한 사랑으로 산화하면
　　　　무너지듯 엎드려 이층을 짓고 싶다던

그대 속절없는 소망
혹 끼쳐오던 치자꽃 향내음에
그대는 오랫동안 잠 못 이루었으리.
　　　―「기운 어깨 위로 겹치는 어깨」 끝 부분

　이비오 시인의 다른 시들과 달리 이 시는 상당히 에로틱하다. "무너지듯 엎드려 이층을 짓고" 싶은 그대의 소망은 비록 이루어지지 못하지만, "미사 마을의 따뜻한 강 건너 불빛"이며 오래 반짝인 그대의 숨결과 눈빛, 그리고 "혹 끼쳐오던 치자꽃 향내음" 등이 생명의식의 고양에 일조하고 있다. 시인은 이 세상에 희망의 메시지를 전하고 싶기도 했던 것이다. "해맑은 한 폭의 수채화 그리고/ 잃었던 시력 회복하여 돌아오는 길/ 부신 겨울 햇살에/ 긴 강줄기는 은비늘로 출렁이고"(「풍경제 II」) 같은 표현은 얼마나 맑고 밝은가. 진취적이고 희망적인가. 다음과 같은 표현은 또 얼마나 강력하고 찬란한가.

우산 속의 평화를 노래하기엔
그 적요가 너무 숨막혔다
창을 눈멀게 하는 장대비가
억수로 쏟아지고 있다.
폭우 속에
벌거숭인 채로
한마당 춤을

알몸에 꽂히는 불화살로
난타하는 빗발에
벌집이 되고 싶었다.
―「비 오는 날의 랩소디」 앞 연

　하지만 이런 시는 그의 전 작품을 놓고 볼 때 아주 드문 예이다. 시인은 아마도 즐거울 때보다 슬플 때가, 편안할 때보다 아플 때가 많았었나 보다. 아래의 시는 시인이 죽음을 목전에 두고 쓴 시 같다. 기형도 시인이 죽기 바로 얼마 전에 자신의 죽음을 예감한 듯 「잎 속의 검은 잎」 「가수는 입을 다무네」 「사랑을 잃고 나는 쓰네」 같은 시를 썼던 것처럼.

흐르는 물살 따라
그대가 목메어 찾아가는 푸른 목선처럼
나도
그대가 흘러가는 곳에 함께
떠나고 싶다.
강물 되어 떠나고 싶다.
―「사랑을 잃고 길을 떠나네」 끝 부분

　이 시를 통해서 밝힌 소망대로 시인은 저승으로 난 강을, 강물이 되어 떠났다. 이비오 시인은 살아생전에 시인으로서 빛을 못 보았고, 시집 한 권 내지 못했지만 여러 편 주옥같은 시를 남겼다. 그의 시가 재조명이 되어 많은 사람이 읽기를 바란다. 한 시인이 병고 속에서도 뼈를 깎아 쓴 시들은 죽음과 무관한 듯이 살아가는 우리를 각성하게 한다. 음악에 대해 조예가 깊지 못해 시에 나타난 고전음악의 깊이를 다루지 못한 것이 못내 아쉽다. 이 땅의 문학평론가 가운데 그 누가 이비오 시인의 작품을 다시 읽고 조명해주면 좋겠다. 삼가 고인의 명복을 빌며……

요절시인 시전집 시리즈 제5권

저문 날의 삽화

– 이비오 시집

인쇄일	초판 1쇄 2007년 9월 21일
발행일	초판 1쇄 2007년 9월 28일
지은이	이승하, 우대식 편
발행처	새미
등록일	2005. 3. 15 제17-423호
총 무	한선희, 손화영
영 업	정구형
편 집	이초희, 박지혜, 김나경
물 류	박지연, 박홍주, 김종효

서울시 강동구 암사동 463-25 2층
Tel : 442-4623~4, 6 Fax : 442-4625
www.kookhak.co.kr
E- mail : kookhak2001@hanmail.net

ISBN　978-89-5628-286-2 *04080

　　　978-89-5628-281-7 *04080 (set)

가 격　8,900원

‣저자와의 협의하에 인지는 생략합니다.